les p'tits
FANTASTIQUES

Les diablotins d'Halloween

MICHEL PERRIN

ILLUSTRATIONS DE COUVERTURE
ET D'INTÉRIEUR :

CAROLINE PALAYER

MAGNARD
JEUNESSE

Collection dirigée par Jack Chaboud

20, rue Berbier-du-Mets - 75013 Paris
www.magnard.fr

Loi n° 49-956 du 16-07-1949 sur les publications destinées à la jeunesse.
Photogravure : Atelier Fossard
Dépôt légal : octobre 2003 - N° d'éditeur : 2003/362
Achévé d'imprimer par Eurografica, Vicenza (Italie)

1

SIX HEURES DE L'APRÈS-MIDI.

Il commence à faire nuit.

Déjà de drôles de petites ombres biscornues envahissent les rues. Elles chuchotent dans les recoins.

Un peu inquiète, une fillette solitaire trotte sur le trottoir.

« C'est l'horreur ! » songe-t-elle.

En effet, Aurore semble normale, ordinaire. Et donc, aujourd'hui, différente de tout le monde.

D'ailleurs, les gens derrière les fenêtres la regardent comme une bête curieuse. Tous les autres enfants se moquent d'elle. Ils lui tirent la langue, ils lui font les cornes.

À la queue leu leu, les monstres s'en vont frapper aux portes et tirer les sonnettes. Vite, on leur ouvre et on leur donne ce qu'ils veulent.

« Ouh ! Ouh ! » crient-ils, imitant le loup-garou.

Avec leur butin de bonbons, ils repartent alors de maison en maison butiner d'autres sucreries.

Aujourd'hui, c'est le 31 octobre : la fête d'Halloween.

Mais Aurore, elle, n'a rien. Pas la moindre sucette, ni même un chewing-gum. Car les grandes personnes ne donnent qu'aux garnements qui sont déguisés.

Aurore porte ses vêtements de tous les jours. Sa mère n'a pas eu le temps de lui coudre un simple costume de fantôme. Et son père, qui a perdu son travail, n'a pas d'argent pour lui acheter une horrible panoplie de sorcière.

Pourtant, la fillette est sortie quand même et elle se dépêche. Elle veut être de la fête. Alors elle va chez son oncle Alphonse «emprunter» un déguisement.

2

AURORE ARRIVE devant la vitrine du grand magasin de son oncle. Des clients mécontents attendent sous l'enseigne qui clignote : *Halloween & Cie*. Sur la porte fermée, une pancarte annonce :

EN GRÈVE !

Heureusement, au bout de la ruelle sur le côté, il y a l'entrée des livreurs et des employés. Là, c'est ouvert.

Sans bruit, Aurore s'avance dans l'arrière-boutique, parmi les caisses remplies de tissus bariolés et de faces en carton-pâte, entre les sacs pleins de serpentins, confettis, farces et attrapes.

Plus loin, après le vestiaire, tonne la voix de son oncle :

« Comment ? rugit-il. Une prime pour Halloween ! »

Les employés protestent : ils veulent être mieux payés. Mais monsieur Alphonse fait la sourde oreille.

Alors, c'est la grève !

Le Diable, la Sorcière, le Squelette, le Fantôme, la Momie et le Vampire décident de partir. Ils rentrent dans le vestiaire pour remettre leurs vêtements ordinaires.

Tant pis pour le patron ! Tant pis pour Halloween !

3

À PRÉSENT, le chemin semble libre. Aurore en profite aussitôt. À pas de loup, elle traverse l'arrière-boutique. Puis, poussant une porte, elle entre dans le magasin.

Pendues au plafond, les lampes déguisées en citrouilles se balancent au-dessus des allées, entre les rayonnages. On dirait de grosses têtes rondes orange balafrées d'une bouche édentée.

La fillette frissonne.

Ces lueurs vagues font valser partout des ombres.

Elle doit aussi se méfier du concierge de l'immeuble qui, parfois, vient au rez-de-chaussée où se trouve le magasin pour faire une ronde avec son chien. Aussi, il y a son oncle dans son bureau qui vérifie ses comptes.

Vite, elle doit choisir ! Mais elle hésite. Il y a tant et tant de déguisements ! Lequel prendre ?

Le superbe affreux costume de vampire ? Le très beau très laid habit de sorcière ? La magnifique et horrible panoplie du diable ?

Tout à coup, Aurore tressaille. Elle tend l'oreille.

La porte de l'entrepôt vient de s'ouvrir en grinçant comme une grille de cimetière. Brr ! De curieux petits bruits résonnent. Des chuchotis ? Des crissements de minuscules griffes de souris ? Est-ce le cliquetis du trousseau de clefs que le concierge s'amuse à faire tinter ?

Cœur battant, la fillette recule. Quelque chose frôle son épaule. Elle sursaute, se retourne. Peuh! ce n'est qu'un linceul: le vêtement du fantôme.

Devant elle, des déguisements déballés sont rangés sur des cintres accrochés à une tringle. On dirait des pendus en habits mais sans corps.

En tout cas, voilà une bonne cachette!

Les drôles de bruits de pas et de voix se rapprochent encore.

Prudente, Aurore plonge alors entre les étoffes et se fond dans le décor. Là, sans être vue, elle voit…

4

CURIEUX ! ÉTRANGE ! BIZARRE !

À l'abri des habits, Aurore regarde les silhouettes qui zigzaguent dans l'allée. Elle en compte six : le Diable, la Sorcière, le Squelette, la Momie, le Fantôme et le Vampire.

Maligne, la gamine croit les reconnaître. Ce sont les employés du magasin qui sont revenus.

Quand même, la fillette s'étonne. D'abord, ils portent encore leurs costumes d'Halloween.

Ensuite, ils ont l'air beaucoup plus petits que tout à l'heure. Enfin, ils chahutent et ricanent tels des diablotins sortis d'une boîte.

Mais ils parlent toujours de se mettre en grève.

« Chaque année, pour le 31 octobre, c'est pareil ! gronde le Diable dont les yeux lancent des éclairs furieux, couleur sang et feu.

— Vrai, crache la Sorcière en brandissant son balai. On profite de nous.

— Ils se servent de notre image, approuve le Vampire en se drapant dans sa cape.

— Pas de la tienne, en tout cas, puisqu'on ne peut pas te voir dans les miroirs ! se moque la Momie.

— C'est la faute d'Halloween, affirme le Fantôme.

— Toc-toc ! Clac-clac ! » répond en écho le Squelette qui, au moindre geste, semble jouer des castagnettes.

5

STUPÉFAITE, et un peu effrayée peut-être, Aurore se recroqueville dans sa cachette. Mais, dévorée de curiosité, elle épie toujours les six étranges petits personnages.

« Ils sont vraiment beaucoup moins grands qu'avant ! » se dit-elle.

Soudain, la fillette réalise que les monstres costumés qu'elle voit là ne sont pas les employés du magasin de son oncle. Alors, qui sont-ils donc ? Une bande de chenapans de son âge venus mettre la pagaille ? Possible, car ils ont à peu près sa taille. Et leurs voix fluettes sonnent comme celles d'enfants ou de marionnettes…

Ils discutent, ils se disputent.

Le Diable, tout écarlate et cornu, tape des sabots et fouette l'air de sa queue qui s'achève en pointe de flèche. C'est lui, le chef. Mais personne ne l'écoute.

« Pourquoi traîne-t-on derrière nous ce fantôme balourd comme un boulet ? persifle le Vampire.

— Ferme ton clapet ! lui répond le revenant. Ton dentier raye le parquet. »

La Sorcière, elle, se querelle avec le spectre.

« Alors, vieille carcasse, tu ne crânes plus ?

— C'est que vous êtes si belle, mademoiselle, que j'en reste muet, riposte le Squelette.

— Comment ? s'écrie la vieille au menton en galoche et au chapeau pointu. Je suis laide, laide, laide ! M'entends-tu ? Attends que je te caresse les tibias à coups de balai et après nous jouerons aux osselets ! »

Bâillonnée et boudinée de la tête aux pieds dans ses bandelettes, la Momie, bien sûr, ne dit rien. Elle se contente de sautiller sur place comme une grande saucisse.

« Chut ! » tonne le Diable.

Cette fois, enfin, on fait silence.

Un jappement retentit. Le concierge de l'immeuble vient avec son chien faire sa patrouille dans le magasin.

6

L'HOMME, ARMÉ de son trousseau de clefs, s'arrête, surpris, à l'orée de la travée. Son chien gronde et tire sur sa laisse en dévorant des yeux le Squelette qui claque des dents.

« Ah, ça alors! s'écrie le gardien. Vous êtes encore là? Si monsieur Alphonse l'apprend, il ne sera pas content!

— Nous sommes en grève, répond le Vampire.

— Vous avez été renvoyés, riposte le concierge.

— Impossible ! vocifère le Diable. Sans nous, finie la fête d'Halloween !

— Déguerpissez ! sinon je lâche mon chien… »

Soudain, « clac ! » : la laisse casse. Aussitôt, le molosse s'élance. Bavant de rage, il bondit vers le Squelette, qui s'enfuit de toute la vitesse de ses tibias.

« Bon. Voilà ton toutou parti faire joujou, ricane le Diable. À présent, parlons affaires, mon bonhomme ! »

Mécontent, le « bonhomme » serre les poings.

« Sale petit démon, tu mérites une bonne correction !

— Dis donc, réplique la Sorcière, sois poli si tu n'es pas joli ! Sais-tu à qui tu t'adresses ? À Messire Lucifer !

— Fous ! Ils sont devenus fous ! » s'exclame le concierge en courant avertir « monsieur Alphonse ».

Laissés seuls, les petits monstres à nouveau se chamaillent.

« Psitt ! psitt ! »

En vain, une petite voix flûtée tente d'alerter les diablotins.

Mais, au milieu de tout leur vacarme, ceux-ci n'entendent rien.

Aurore hésite encore à sortir de sa cachette. Comment faire pour prévenir les étranges petits personnages sans risquer d'être reconnue par son oncle grognon ?

Un sourire illumine la frimousse de la fillette futée. Elle a trouvé !

À tâtons, Aurore décroche l'un des déguisements qui l'entourent…

7

GROS ET GRAS, tout rouge et en colère, monsieur Alphonse déboule :

« Qui ? Quoi ? Comment ? » aboie-t-il.

Poli, le Diable s'incline et se présente :

« Satan, Belzébuth, Lucifer…

— Comte Dracula », déclame le Vampire en faisant la révérence.

La Sorcière se contente d'un salut de son chapeau pointu. La Momie marmonne tandis que le Fantôme souhaite un « Bonjouh-ouh-our ».

« Allez, ouste, dehors ! rugit le patron du magasin. Je vous ai renvoyés.

— Pas possible », dit la Sorcière en crachant un crapaud gluant sur les chaussures vernies du bonhomme.

L'oncle Alphonse sursaute :

« Beurk !

— Assez ! ordonne le Diable. Parlons affaires.

— Vous voulez encore des sous !? grimace le directeur.

— Des sous ? pouffe le Fantôme.

— Peuh ! Qui te parle de sous, gros plein de soupe ? » ajoute la Sorcière qui, d'un jet de salive, fait surgir une vipère.

Les yeux ronds, le concierge et le patron fixent les étranges personnages, qui s'esclaffent. Le Squelette qui passe, toujours poursuivi par le chien, se tient les côtes de rire.

Les deux hommes ne comprennent pas ce qu'il y a là de si drôle. S'il ne s'agit pas d'argent, alors, que veulent-ils ?

« Attendez un peu, je reviens dans une seconde ! » gronde monsieur Alphonse en se dirigeant aussitôt vers son bureau.

Le directeur et le concierge à peine partis, les diablotins bondissent.

Une étrange petite étrangère vient d'apparaître devant eux.

8

TOUTE DE ROUGE VÊTUE, la nouvelle venue avertit les petits démons :

« Cachez-vous vite ! Oncle Alphonse téléphone à la police. »

Ébahis, le Diable et ses amis contemplent la curieuse inconnue. Celle-ci est habillée d'une robe rouge, coiffée d'un capuchon rouge, chaussée de chaussettes et de souliers rouges.

Chez elle, tout est rouge sauf… sa barbe, longue et blanche…

« Oh ! Quel drôle de déguisement couleur sang ! s'exclame le Vampire qui, souriant, montre ses dents.

— Ouh ! ouh ! c'est ridicule ! se moque le Fantôme.

— Ignorants ! gronde la Sorcière. Il s'agit du Petit Chaperon rouge.

— Du petit quoi ? s'étonnent le revenant et le comte Dracula.

— Le Petit Chaperon rouge ! répète l'horrible bonne femme à cheval sur son balai. C'est un célèbre conte de fées.

— Exact, confirme le Diable qui sait tout. Un conte de fées sans fée mais avec un grand méchant loup. C'est l'histoire d'une jolie petite fille qui s'en va porter dans son panier une galette bien dorée et un pot de beurre à sa mère-grand…

— Une jolie petite fille barbue ? le coupe le Fantôme, effaré.

— Et alors ? grogne la Sorcière, qui elle aussi a du poil au menton.

— Euh… Euh… Si je porte une longue barbe blanche, c'est parce que je suis à la fois le Petit Chaperon rouge et la petite-fille du père Noël », leur explique Aurore, mi-amusée, mi-embêtée.

9

DES PAS LOURDS résonnent dans le magasin. Les deux hommes sont de retour. Aurore frissonne. Elle a peur que son oncle la reconnaisse malgré son déguisement. En effet, le bonhomme, méfiant, louche sur l'étrange Petit Chaperon rouge à la longue barbe blanche.

« Alors, ronchonne-t-il, c'est une révolte ?

— Mmm… une minuterie, murmure la Momie.

— Mutinerie ! corrige la Sorcière.

— Juste, affirme le Fantôme. Nous sommes les ballottins… euh… les diablotins d'Halloween. Et nous voulons…

— Exigeons ! insiste le Vampire.

— Quoi ? demande le directeur excédé.

— Bah… Euh… » hésitent les petits démons.

À son tour, monsieur Alphonse ricane. Les rebelles ne savent même pas ce qu'ils veulent ! Bon prince, il leur promet des récompenses : du rôti de bâton et de la tarte aux claques.

« Misère, se lamente le Fantôme, nous voilà dans de beaux draps ! »

Le Vampire, qui se fait du mauvais sang, grince des dents.

Heureusement, Messire le Diable a plus d'un tour dans son sac à maléfices.

D'un simple signe, il met le feu aux poudres de perlimpinpin rangées dans des bocaux sur les rayonnages et transforme la matraque que brandit le concierge en un ruban rose et gluant de guimauve.

Gourmande, Aurore s'approche du bonhomme et lui demande :

« On échange ? Ma barbe à papa de Noël contre votre guimauve. »

Ahuri mais furieux, le garde tente de lever son gourdin devenu tout mou et lourd, si lourd... C'est le chien qui, alléché, mord et tire de son côté la friandise à la gomme, qui s'allonge et colle comme un chewing-gum.

10

« ARKABA ! ZU ! YO ! Nuf é nif ! » déclame la vieille au nez crochu et au chapeau pointu. Éclate alors un épouvantable tohu-bohu.

Effarés, monsieur Alphonse et le concierge se tournent vers le placard d'où vient le vacarme.

Les coups redoublent. Le battant s'éventre.

Les deux hommes, épouvantés, reculent en regardant l'armoire. Quels horribles monstres vont sortir de là ?

Enfin, la porte tombe et du placard à balais sortent… des balais !

D'abord, ils se pavanent, sautillent, bondissent et même s'envolent. Ensuite, à coups de manche et de paille, ils bataillent. Puis, dans une belle pagaille, ils dansent un drôle de ballet.

Sur leur passage, tout tourbillonne et s'éparpille. Serpentins, masques et costumes virevoltent de-ci, de-là. Sous une pluie de confettis de toutes les couleurs, Aurore danse aussi en riant dans sa barbe.

Cette fois, monsieur Alphonse s'avoue vaincu :

« Je vous donnerai tout ce que vous voulez ! » gémit-il en lorgnant sa montre.

Aussitôt, le Petit Chaperon rouge, qui n'a ni les yeux, ni la langue dans sa poche, prévient les diablotins :

« La police ! s'écrie Aurore. Il a téléphoné. Elle va arriver ! »

Mais le Diable s'en moque.

Il déclare :

« Pour avoir gagné beaucoup d'argent grâce à nous et utilisé notre image pour votre fête d'Halloween, je vous punis… d'un gage… »

D'une griffe, il leur désigne la vitrine vide. Malmenés par la sarabande des balais, tous les mannequins costumés gisent sur le sol, les habits déchirés.

Au loin, hurle la sirène d'une voiture de police.

« Vite ! Les voilà ! » gronde le petit démon écarlate.

Tête basse, le directeur s'exécute, aussitôt imité par le concierge.

Peu après, les deux bonshommes déguisés occupent la vitrine, immobiles et ridicules.

Sortis de leur véhicule, deux policiers foncent dans le magasin sens dessus dessous. Arme au poing, les agents s'agitent et visent les coins, en criant :

« Rendez-vous !

— Rendez-vous où ? » leur répond une voix en écho.

11

UN ÉTRANGE et très grand bonhomme s'avance en titubant.

« Vous êtes le patron ? demande le premier agent.

— Où sont les voleurs ? » interroge le second.

Le drôle de type à l'allure d'épouvantail fait oui avec la tête et dit non avec la bouche. Son ventre, qui gargouille, semble mâcher des gros mots.

« Hoyeux Jalloween ! » braille-t-il.

Soudain, l'escogriffe dégringole tel un château de cartes. Il se coupe en quatre. Sa caboche de citrouille roule par terre. De son long manteau jaillissent des petits monstres moqueurs qui bondissent et se lancent aux trousses des deux policiers effrayés et rossés par la bande des balais.

Enfin, silence dans le grand magasin. Plus rien ne bouge. Toujours plantés dans la vitrine, le concierge et l'oncle Alphonse, costumés en mannequins, n'osent remuer d'un pouce.

Sur la pointe des pieds, le Petit Chaperon rouge s'éloigne avec le chien aux oreilles pointues et à la queue touffue comme celle d'un loup.

« Dommage qu'ils soient partis, les diablotins d'Halloween ! » soupire Aurore en arrachant sa barbe blanche.

Mais, à présent, elle a son déguisement. Et, en plus, elle a vu le Diable, la Sorcière, le Squelette, la Momie, le Fantôme et le Vampire.

Elles les a vus… en vrai ?…